Oetinger TASCHEN BUCH

Erhard Dietl

Basteln mit den Olchis

Mit 30 krötigen Tipps

Mit Illustrationen von
Christoph Schöne

Oetinger Taschenbuch

Außerdem bei Oetinger Taschenbuch erschienen:

Witze aus der Pfütze
Krötige Witze
Matschige Müffelwitze
Das große Buch der Stinkerwitze
Die schönsten Schmuddelgeschichten
Muffelfurzcoole Schülerwitze

1. Auflage 2018
© Oetinger Taschenbuch in der Verlag Friedrich Oetinger GmbH,
Poppenbütteler Chaussee 53, 22397 Hamburg
April 2018
Alle Rechte vorbehalten
Das Werk basiert auf Motiven der Kinderbücher
»Die Olchis« von Erhard Dietl
Einband von Erhard Dietl
Konzept und Bastelanleitungen von Alexandra Hanneforth
Illustrationen von Christoph Schöne
Satz: Valeska Lankowski
Druck: Livonia Print SIA, Ventspils iela 50,
LV-1002, Riga, Lettland
ISBN 978-3-8415-0512-5

www.oetinger-taschenbuch.de

Inhaltsverzeichnis

Bastelideen für dich und einen Erwachsenen

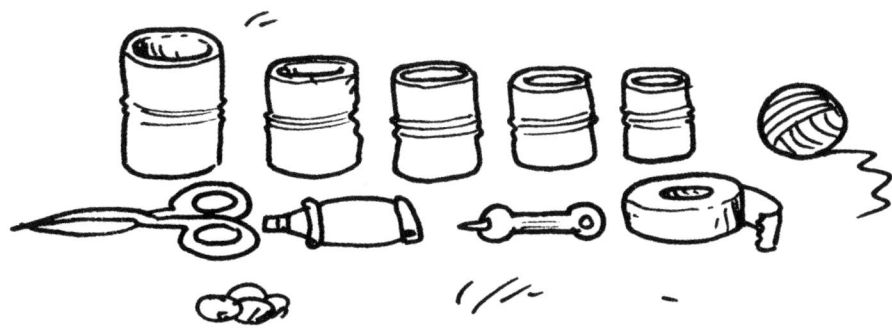

Upcycling mit den Olchis

Die Olchis haben Müll zum Fressen gern. Und was es auf einem Müllberg nicht alles Krötiges zu entdecken gibt! Aber nicht immer landet der ganze Müll in den grünen Bäuchen. Manchmal werden die Olchis auch richtig kreativ. Dann erfinden sie lauter lustige und praktische Gegenstände zum Spielen, Aufbewahren und Dekorieren. Wie das geht? Das zeigen sie dir!

Die wichtigste Olchi-Bastel-Regel lautet: Wirf nicht alles gleich weg. Schau dir deinen Müll genau an. Aus vielen Materialien lassen sich noch richtig tolle Dinge basteln. Marmeladendeckel, Trinkjoghurtfläschchen und Milchkartons sind eigentlich viel zu schade für die Mülltonne, denn mit etwas Bastelarbeit können sie zu Würfeln, Spardosen oder Memoboards werden.

Am besten legst du dir einen kleinen Vorrat an viel versprechendem Müll an, dann kannst du an langweiligen Schmuddelwettertagen direkt loslegen. In diesem Buch findest du einige Anregungen zum Basteln, aber bestimmt bekommst du noch andere Ideen, wenn du bei euch zu Hause die Dinge untersuchst, die eigentlich weggeworfen werden sollen.

Diese Dinge eignen sich besonders gut zum Sammeln:
- Plastikflaschen (Limo, Shampoo, Spülmittel, Waschmittel, Joghurtflaschen ...)
- Flaschenverschlüsse
- Eisstiele
- Milchtüten
- Schuhkartons
- kleine Schachteln (Kekse, Tee, Nudeln, Medikamente ...)
- Obst- und Kartoffelnetze
- Papprollen (Klorollen, Küchenrolle, Geschenkpapier, Frischhaltefolie ...)
- Plastikbecher und Eimer (Joghurt, Salat, Weingummi ...)
- Zeitungspapier und Werbeprospekte
- Dosen (Konserven, Chips)
- Knöpfe und Klettverschlüsse von alten Textilien
- CDs
- Eierpappen
- alte Socken

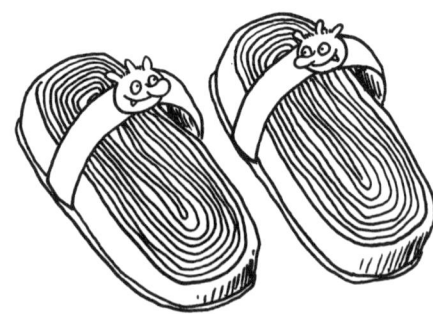

Was du auf jeden Fall immer aufheben solltest, ist die Rückpappe von Schreib- und Malblöcken. Diese Pappe ist schön stabil, gleichzeitig aber auch gut zu schneiden. Bei den olchigen Bastelideen in diesem Buch kommt sie immer wieder zum Einsatz.

Damit du jederzeit loslegen kannst, wenn dich das Bastelfieber packt, solltest du dir zusätzlich zu deiner Müllsammlung auch ein wenig Werkzeug und Bastelmaterial anschaffen.
Diese Dinge kannst du immer gut gebrauchen:
- Alleskleber
- Klebestift
- Schere
- Cuttermesser (das dürfen aber nur deine erwachsenen Helfer benutzen)
- Gewebeklebeband
- Lineal
- Stifte
- buntes Tonpapier / Tonkarton
- Acryllack, Pinsel
- Permanentmarker
- Klebefilm

Krötige Tipps und Tricks

Zum Basteln solltest du dir eine geeignete Unterlage suchen. Dies kann ein altes Brett, eine Schreibtischunterlage oder ein stabiles Pappstück sein.

Bei vielen Bastelanleitungen brauchst du Klebstoff. Da dieser ruckzuck auch auf die Hände kommt, ist es gut, immer ein oder zwei Stücke Küchenrolle oder Feuchttücher griffbereit zu haben.
Und weil der Klebstoff auch schnell mal an der Kleidung landet, solltest du deine Ärmel hochkrempeln. Noch sicherer ist es, wenn du einen Malerkittel oder ein altes T-Shirt anziehst.

Diesen Schutz brauchst du auf jeden Fall, wenn du mit Acrylfarbe, Stoffmalfarbe oder dem Permanentmarker arbeitest, weil diese Farben nicht mehr aus der Kleidung herausgehen.

Auf Flaschen, Dosen und Plastikbechern kleben fast immer Etiketten. Diese sind manchmal schwierig abzulösen. Probier es als Erstes mit Seifenwasser. Weiche deinen Müll einfach eine Weile darin ein, dann lässt sich das Etikett (oder zumindest die obere Schicht) leicht abziehen.
Häufig bleiben aber Klebereste übrig. Es gibt extra Etikettenlöserspray, mit dem du diese Klebereste gut abkriegst. Du kannst es aber auch mit ganz normalem Speiseöl versuchen. Davon gibst du etwas auf ein Stück Küchenrolle oder einen Schwamm und reibst kräftig, bis die Oberfläche deines Gegenstandes sauber ist.
Kleinere Klebereste kann man auch gut mit einem Stück Tesafilm abziehen.
Und wenn gar nichts anderes hilft, kannst du es mit Nagellackentferner versuchen. Aber das sollte unbedingt ein Erwachsener für dich übernehmen. Und ihr solltet vorher an einer unauffälligen Stelle testen, ob das Material davon nicht beschädigt wird.

Die Schablonen paust du am besten mit einem Stück Butterbrotpapier ab und überträgst sie dann auf Tonpapier oder Tonkarton. Du kannst die Schablonenseite natürlich auch kopieren.

Spüle deinen Müll immer gründlich mit Seife oder Spülmittel aus, damit deine Bastelarbeiten nicht anfangen zu müffeln. Schaurig-schönen Müllmief lieben nur Olchi-Nasen. Achtung: Es dauert sehr lange, bis Milchtüten innen getrocknet sind. Wenn du sie sofort verarbeiten willst, kannst du sie vorher abtrocknen.

Werbeprospekte eignen sich hervorragend als Klebeunterlage. Dann ist es auch gar nicht schlimm, wenn du den Kleber über den Rand hinaus aufträgst. Und beim nächsten Mal Kleben nutzt du dann einfach eine noch freie Stelle im Prospekt oder blätterst auf die nächste Seite.

Bei den olchigen Bastelideen in diesem Buch brauchst du immer wieder Olchi-Motive aus Tonpapier. Ein Olchi-Kopf ist ganz leicht zu malen. Folge einfach diesen Schritten.

Auch Fliegen bekommst du bestimmt gut hin. Male einen Körper und die Flügel. Dann einfach beides ausschneiden und zusammenkleben.

Auf vielen Bastelideen siehst du in diesem Buch Schlamm. Wenn du geschickt mit der Schere bist, sollte auch der kein Problem für dich sein. Schneide einen schmalen Papierstreifen und male Wellenlinien darauf. Nun schneidest du genau an dieser Linie entlang.

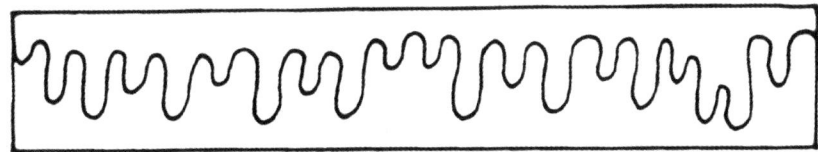

Schleimeschlamm und Käserich! Jetzt kann es auch schon losgehen!

Fliegenklatsche

So geht's:

Schneide 2 Pappstücke aus (12 cm lang und 8 cm breit). Runde die Ecken ein wenig ab. Zeichne auf beide Pappen einen etwa 1 cm breiten Rand und schneide die Innenstücke heraus, sodass nur noch die Rahmen bleiben.

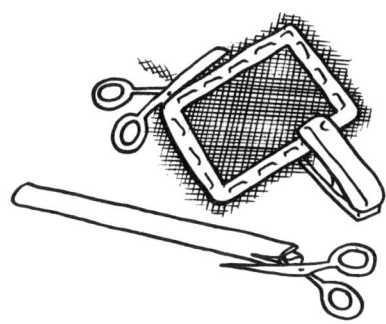

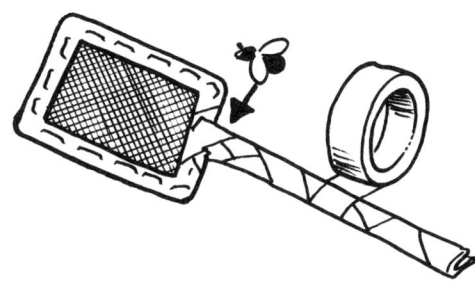

Klemme ein Stück Kartoffelnetz zwischen die beiden Rahmenteile und tackere diese mit dem Hefter am Rand entlang fest.

Tipp: Es geht leichter, wenn dein Netzstück schon die ungefähre Größe deiner Rahmen hat. Du kannst das Netz beim Tackern auch mit Wäscheklammern befestigen. Schneide die überstehenden Netzränder ab.

Nimm die Papprolle, drücke sie platt und falte sie dann 2x der Länge nach. Schneide die Papprolle nun an einer der geschlossenen Seiten etwa 1,5 cm tief ein. Umwickle den Rest der Papprolle fest mit Gewebeklebeband. Stecke nun den Netzrahmen in die eingeschnittene Stelle am Griff und klebe ihn dort fest.

Wenn du magst, kannst du deine Fliegenklatsche noch verzieren. Male z. B. eine kleine Fliege auf, schneide diese aus und klebe sie am Griff fest.

Käsefußschlappen

Das brauchst du:

- Zeitungspapier
- Tesafilm
- Schere
- Klebestift
- Stift
- Tonkarton

So geht's:

Nimm ein Blatt Zeitungspapier (du brauchst es nicht auseinanderzufalten) und lege es mit der breiten Seite vor dich, sodass die Knickkante von dir wegzeigt. Falte das Papier jetzt zu einem etwa 2 cm breiten Streifen. Damit er nicht zurückrollt, kannst du ihn mit einem Stück Klebefilm fixieren. Bereite auf diese Weise mehrere Zeitungsstreifen vor.

Beginne dann, aus diesen Streifen ein Oval aufzuwickeln. Für die Schuhgröße 35–36 beginnst du mit einem 17 cm langen Knick. Benutze Klebefilm, damit dein Oval besser hält und du die Streifen aneinanderkleben kannst. Achtung: Wickle schön fest, sonst wird der Schuh nicht stabil genug. Wickle so viele Zeitungsstreifen auf, bis du deine Fußgröße erreicht hast.

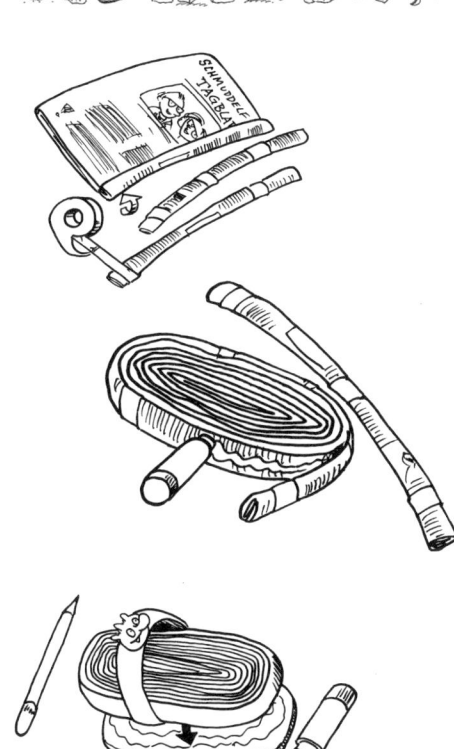

Falte nun noch einen letzten Streifen (er darf ruhig etwas breiter sein). Klebe diesen als Lasche an der Papiersohle fest. Überprüfe vorm Festkleben unbedingt, ob du mit dem Fuß gut hinein- und hinausschlüpfen kannst. Kürze den Papierstreifen mit der Schere. Aus buntem Tonkarton kannst du noch ein lustiges Motiv für deine Schlappen ausschneiden.

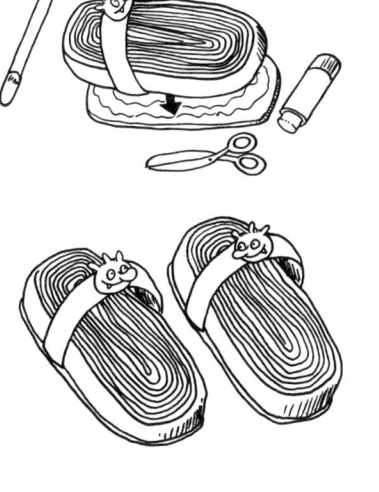

Tipp: Deine Schlappen werden noch stabiler, wenn du eine Sohle aus fester Pappe ausschneidest und diese unter deine Papiersohle klebst.
Fertig sind die Käsefußschlappen!

Quakschüssel

So geht's:

Falte dir aus Zeitungspapier etwa 2 cm breite Papierstreifen. Wie das genau geht, kennst du schon von den Käsefußschlappen: Nimm ein Blatt Zeitungspapier (du brauchst es nicht auseinanderzufalten) und lege es mit der breiten Seite vor dich, sodass die Knickkante von dir wegzeigt.
Falte das Papier jetzt zu einem etwa 2 cm breiten Streifen. Damit er nicht zurückrollt, kannst du ihn mit einem Stück Klebefilm fixieren.

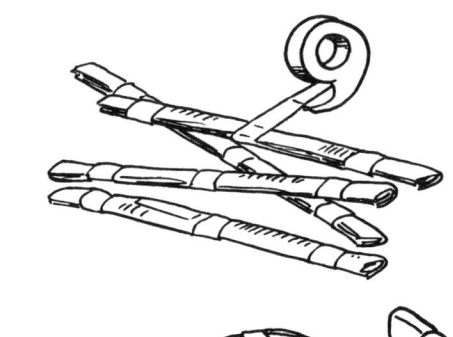

Rolle die Streifen auf. Benutze Klebefilm, damit sich deine Rolle nicht wieder abwickelt, wenn du einen neuen Streifen nimmst.

Deine Zeitungsscheibe sollte ungefähr so groß wie eine Untertasse werden.

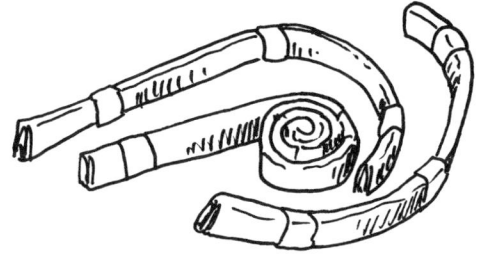

Drücke die äußeren Ränder vorsichtig nach oben, sodass eine Schüsselform entsteht. Jetzt noch Weingummifrösche rein, und schon hast du eine oberolchige Quakschüssel!

Pupsiges Drehscheibenspiel

So geht's:

Klebe mit dem Alleskleber einen Flaschenverschluss mittig auf die CD. Lasse den Klebstoff gut trocknen.

Das brauchst du:

- 2 Plastikflaschenverschlüsse
- alte CD
- Pappe
- Nagel (etwa 2 cm lang, mit größerem Kopf)
- Schere
- Tonpapier
- Alleskleber
- evtl. Klebestift
- Stifte
- Untertasse als Schablone

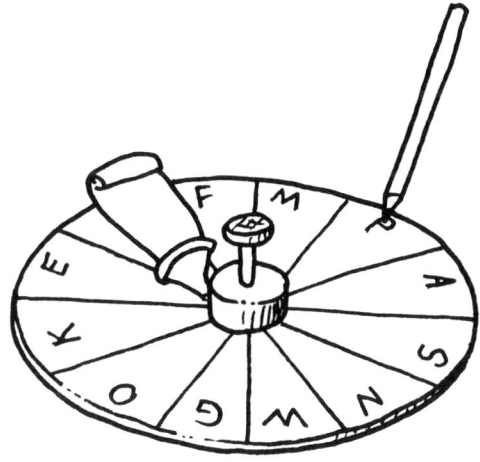

Schneide aus der Pappe einen untertassengroßen Kreis aus. Zeichne nun Linien wie bei einer Torte ein. Du solltest 12 ungefähr gleich große Felder haben. Schreibe in jedes Feld an den äußeren Rand einen Buchstaben. Drücke den Nagel in die Mitte des zweiten Flaschenverschlusses und klebe den Verschluss anschließend in die Mitte des Pappkreises.

Klebe ein Dreieck aus rotem Tonpapier so auf die CD, dass eine Spitze zum Rand zeigt.
Wenn du magst, kannst du die CD noch mit olchigen Motiven bekleben.
Setze die CD nun mittig auf den Nagel.
Wenn du jetzt am Flaschenverschluss drehst, bleibt der Pfeil auf einem Buchstabenfeld stehen. Es kann losgehen!

Und so funktioniert das Spiel:

Ihr könnt mit beliebig vielen Leuten spielen. Jeder Spieler legt sich auf einem Blatt Papier eine Tabelle mit 4 Spalten an. Denkt euch nun 3 Olchi-Kategorien aus. In die letzte Spalte werden die Punkte geschrieben.

Jetzt wird an der Scheibe gedreht. Sobald der Zeiger auf einem Buchstaben stehenbleibt, schreiben alle Spieler so schnell wie möglich ein passendes Wort in die Spalten ihrer Tabelle. Wer zuerst alle drei Spalten gefüllt hat, macht ein lautes Pupsgeräusch, und die anderen Spieler müssen sofort aufhören zu schreiben. Für jedes gefundene Wort gibt es einen Punkt. Und die nächste Runde kann beginnen! Es gewinnt, wer am Ende die meisten Punkte sammeln konnte.

AUF DEM MÜLLPLATZ	SCHMUDDEL ORTE	OLCHI SCHMAUS	PUNKTE
MODER MELONE		MÜFFEL MUS	2
KLOPAPIER	KAKERLAKEN GRUFT	KOTZ-SUPPE	3

Fliegenschnapper

Das brauchst du:

- Klopapierrolle
- Wolle
- Knopf
- Pinsel
- Wasserfarbe oder Bastellack (rot und grün)
- Tonpapier (grün und weiß)
- Schere
- Stifte
- Alleskleber
- diese Schablone

4x

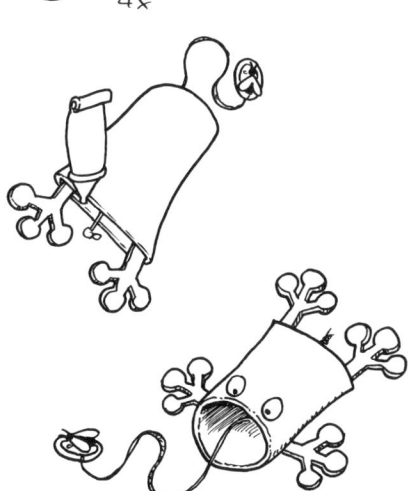

So geht's:

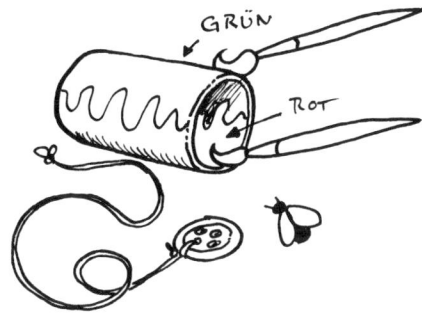

GRÜN

ROT

Male die Klopapierrolle innen rot und außen grün an. Lasse die Farbe trocknen. Knote einen etwa 40 cm langen Wollfaden an den Knopf. Male eine kleine Fliege auf, schneide sie aus und klebe sie am Knopf fest. Mache an das zweite Ende des Wollfadens einen Knoten.

Zeichne 4 Krötenbeine auf grünes Tonpapier (siehe Schablone) und schneide sie aus.

Drücke die Klopapierrolle an einer Seite platt und klebe zwei Beine rechts und links von innen fest. Fädele den Wollfaden durch die Rolle, bis der Knoten an der platt gedrückten Außenkante wieder herausschaut. Klebe die Rolle nun hinten zu. Es dauert eine Weile, bis der Klebstoff getrocknet ist.

Klebe nun die Vorderbeine an der Klopapierrolle fest. Zum Schluss bekommt dein Fliegenschnapper noch Augen.

Geschafft! Das Fliegenschnappen kann beginnen! Nimm die Kröte in die Hand, bewege sie ruckartig nach oben und versuche, die Fliege mit dem Krötenmaul aufzufangen. Schaffst du's zehnmal in Folge?

Furztröte

So geht's:

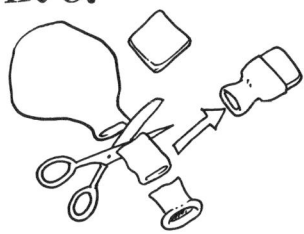

Schneide bei einem Luftballon das Mittelstück wie in der Abbildung heraus. Du brauchst nur den Schlauch in der Mitte. Schneide aus Pappe ein Quadrat aus, das breiter ist als die Flaschenöffnung (etwa 2,5 x 2,5 cm). Runde die Ecken ein klein wenig ab, damit der Luftballon nicht reißt. Stecke das Pappstück in den Luftballonschlauch.

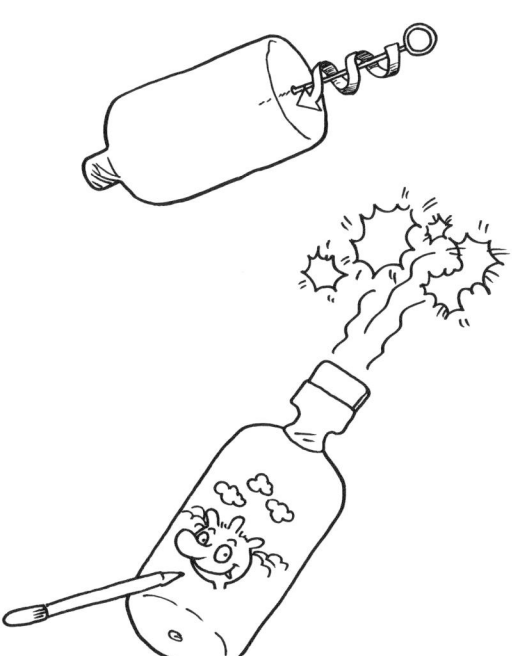

Das brauchst du:

- Plastikflasche (Duschgel, Entkalker, Spülmittel …)
- Luftballon
- Pappe
- Rouladenstecher (oder Stopfnadel – nicht zu dick)
- Tonpapier
- Stift
- Schere

Steche mit dem Rouladenstecher ein kleines Loch in den Flaschenboden.
Stülpe nun das noch freie Luftballonende auf das Schraubgewinde der Flasche.
Wenn du magst, kannst du deine Furztröte mit einem Permanentmarker bemalen oder mit olchigen Motiven bekleben.
Gut zu wissen: Je nach Flasche entstehen ganz unterschiedliche Furztöne. Teste doch einfach das Papp-Luftballonstück an mehreren Flaschen und suche dir den Ton heraus, der dir am besten gefällt.

Übrigens: Die Olchi-Kinder finden es am allerlustigsten, mit der Tröte zu furzen, wenn ihr Lehrer sich gerade hinsetzt. Klar, dass dann alle den Lehrer verdächtigen. Vielleicht kennst du ja auch jemanden, dem du diesen Streich spielen kannst?

Ratzwürfel

Das brauchst du:

- 2 Milchtüten (quadratische Form)
- Schere
- Kugelschreiber
- Tonkarton
- Alleskleber
- Stifte
- evtl. Permanentmarker

So geht's:

Manchmal können die Olchi-Kinder einfach nicht einschlafen. Kennst du das auch? Da ist es doch schön, wenn es etwas gibt, mit dem man das Einschlafen noch ein klitzekleines bisschen hinauszögern kann. Das eine Olchi-Kind hatte den rettenden Einfall: Ein Ratz-Würfel muss her! Und tatsächlich: einmal gewürfelt, Aufgabe gelöst, und gleich lässt es sich viel leichter einschlafen. Probier es doch mal aus. Am besten beim Ins-Bett-bringen mit Mama oder Papa.

Lege die Milchtüten vor dich und messe vom Boden aus 7 cm ab. Zeichne dort mit dem Kugelschreiber ringsherum eine Linie. Nun musst du genau entlang dieser Linie schneiden. Am besten gelingt dies, wenn du vorher mit der Schere oberhalb deiner Linie ein Loch in den Karton stichst und dann den oberen Teil der Milchtüte erst einmal grob abschneidest.
Mache das Gleiche mit der zweiten Milchtüte.

Stecke nun beide Teile ineinander – die Böden müssen sich dabei gegenüberliegen. Am einfachsten geht dies, wenn du ein Milchtütenteil leicht eindrückst und dann vorsichtig in das andere schiebst.

Schneide aus Tonkarton 6 etwa 6,5 x 6,5 cm große Quadrate aus.
Schreibe auf jedes Quadrat einen der folgenden Sätze.

– Du liest mir noch etwas vor.

– Wir dichten wie Olchi-Opa.

– Wir erfinden olchiges Essen.

– Du massierst mir den Rücken.

– Wir machen eine kleine Sockenschlacht.

– Wir denken uns olchige Schimpfwörter aus.

Klebe die Quadrate dann auf deinen Würfel. Falls dich die hellen Kanten stören, kannst du sie vor dem Bekleben mit einem Permanentmarker einfärben.

Tipp: Du kannst dir natürlich auch einen normalen Punkte-Würfel basteln. Oder wie wäre es mit einem Fitnesswürfel (5 x Hampelmann, 3 Liegestütze ...)?

Fertig ist der Ratzwürfel! Freust du dich schon aufs Ins-Bett-gehen heute abend?

Olchi-Reflektor

So geht's:

Zeichne eine Olchi-Knubbelnase, Hörhörner und 2 Augen auf Tonkarton und schneide sie aus. Du kannst hierfür die Schablonen benutzen. Schneide nun aus schwarzem Tonkarton dünne Streifen für die Haare zurecht.

Das brauchst du:

- alte CD
- Tonkarton (weiß, schwarz und grün)
- Stifte
- Permanentmarker oder CD-Stift
- Schere
- Alleskleber
- Faden
- Locher
- die Schablone von Seite 32/33

Klebe die Haare an die Hörhörner und klebe das fertige Teil dann auf die bedruckte Seite der CD.
Die Nase und die Augen klebst du auf die glänzende Seite der CD.
Stanze mit dem Locher ein Loch in das mittlere Hörhorn und befestige den Faden daran, sodass du dir deinen Reflektor gut umhängen kannst.
Und dann bist du auch schon fertig!

Tipp: Natürlich kannst du dir den Olchi-Reflektor auch super ins Fenster hängen. Da entstehen die schönsten Farbreflexe an deinen Wänden

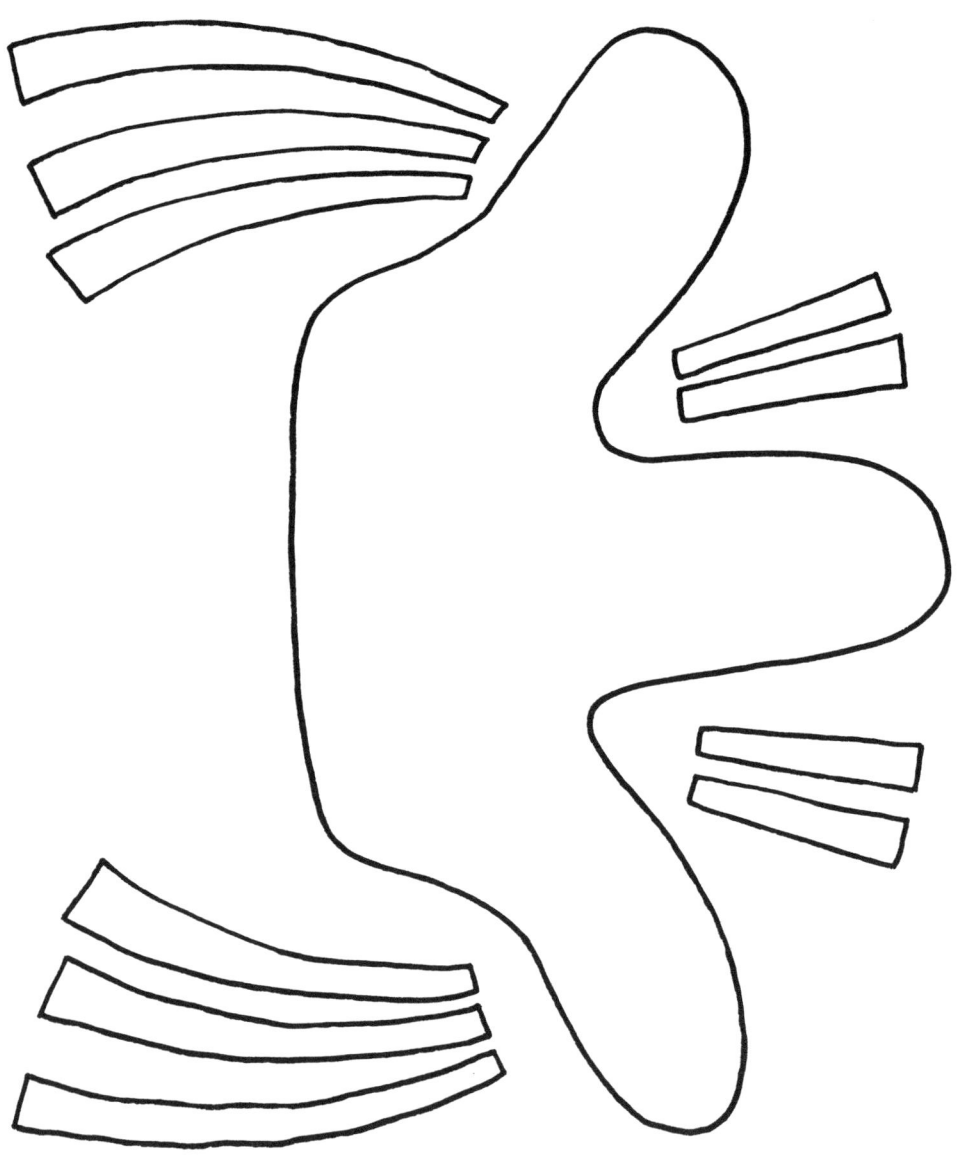

Schmuddelwettermacher

Das brauchst du:

- große Schokolinsenrolle
- Nägel (etwa 2,5 cm lang)
- Tonpapier
- Stifte
- Schere
- Klebestift
- Reis
- Lineal

So geht's:

Drücke die Nägel von oben bis unten rundherum in die Papprolle. Falls das zu schwer geht, kannst du auch einen kleinen Hammer zur Hilfe nehmen.
Fülle die Rolle dann mit etwas Reis. Schließe den Deckel und probiere aus, wie dein Schmuddelwettermacher klingt, wenn du ihn seitlich hin- und herkippst. Teste es ruhig mal mit etwas mehr oder weniger Reis aus – so lange, bis das Geräusch richtig schön nach Regen klingt.

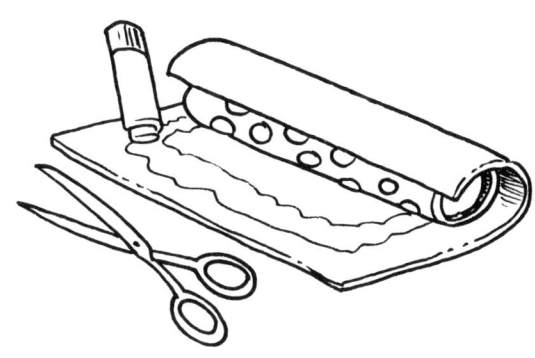

Messe aus, wie lang deine Rolle ist, und schneide das Tonpapier so zu, dass du deine Rolle damit umwickeln und festkleben kannst. Das Papier darf ruhig etwas länger sein und mehrfach um die Rolle passen. Je dicker die Papierschicht, desto weniger spürst du später die Nägel.

Bemale oder beklebe deinen Schmuddelwettermacher noch mit olchigen Motiven – und dann kannst du's nach Herzenslust regnen lassen.

Tipp: Du kannst auch eine Stapelchipsdose verwenden. Hierbei dürfen die Nägel länger sein. Oder nimm die Papprolle von Küchentüchern. Diese musst du aber mit zwei passenden Pappscheiben gut verschließen.

Gefurztagsblumen

So geht's:

Das brauchst du:

- Teelicht
- 7 Flaschenverschlüsse
- Pappe (die du gut schneiden kannst)
- Schere
- Stift
- kleine Plastikflasche (Trinkjoghurt, Eiskaffee, Kochsahne …)

Stelle das Teelicht mittig auf ein Stück Pappe. Lege die sieben Flaschenverschlüsse um das Teelicht und klebe sie auf die Pappe. Lasse den Klebstoff gut trocknen.

Schneide die überstehende Pappe nun vorsichtig entlang der Verschlüsse ab.

Klebe deine Blume auf die Plastikflasche. Schon fertig! Ideal zum Dekorieren oder Verschenken.

Tipp: Wenn du eine durchsichtige Flasche nimmst, kannst du sie noch mit etwas Hübschem befüllen, bevor du die Blüte festklebst.

Stinkiges Fliegenspiel

Das brauchst du:

- Pappkarton (z. B. Müsli, Backmischung ...)
- Schaschlikstäbchen
- Dosenpikser (oder spitze Schere)
- 2 Plastikflaschenverschlüsse
- Alleskleber/Klebestift
- Schere
- Stifte
- Tonpapier
- Lineal
- Pinsel
- Acryllack

Der Mundgeruch der Olchis lässt die stärksten Fliegen abstürzen. Das willst du auch mal schaffen? Mit diesem Fliegenspiel kein Problem.

So geht's:

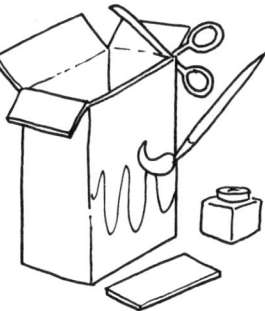

Schneide am Karton die geöffneten Laschen ab. Male den Karton nun mit Acryllack an. Damit die Farbe richtig deckt, musst du das zweimal machen. Falls dir das Trocknen der Farbe zu lange dauert, kannst du mit einem Föhn nachhelfen.

In der Zwischenzeit kannst du die Fliege vorbereiten. Klebe hierfür mit dem Alleskleber zwei Flaschenverschlüsse mit den Öffnungen nach innen zusammen. Male zwei Fliegen auf Tonpapier, schneide diese aus und klebe sie auf die beiden Seiten der Flaschenverschlüsse.
Steche mit dem Dosenpikser rundherum viele Löcher in den Karton. Lasse aber einen etwa 5 cm breiten Rand am Kartonboden lochfrei.

Noch schöner wird dein Spiel, wenn du den Karton mit olchigen Motiven verzierst.

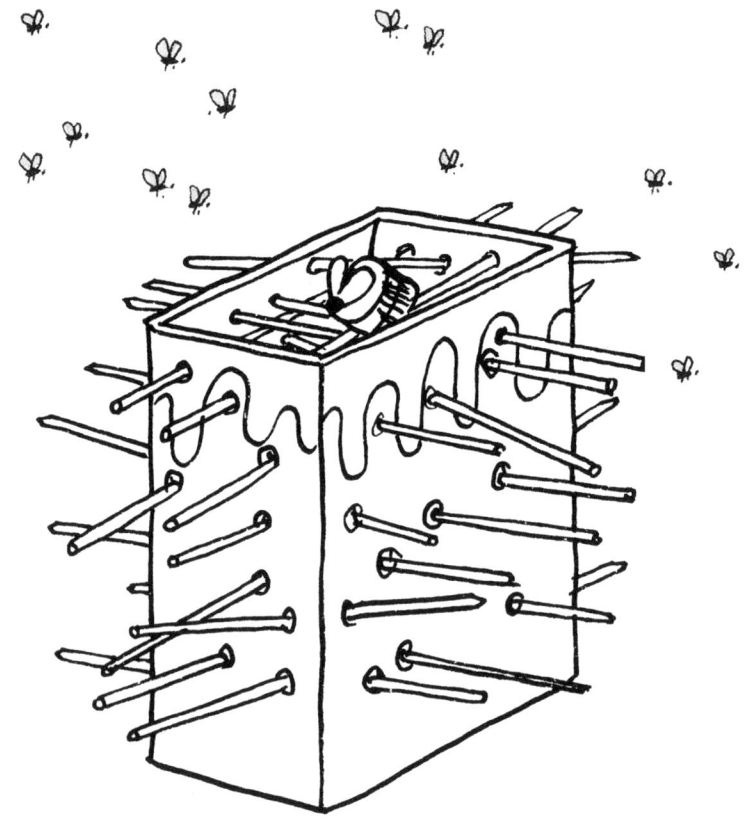

Und schon kann das Spiel beginnen:

Gespielt wird zu zweit. Steckt möglichst viele Schaschlikspieße so durch die Löcher, dass sie auf der anderen Seite des Kartons wieder herausschauen. Legt die Fliege ganz oben auf die Stäbchen.

Zieht nun abwechselnd immer ein Stäbchen heraus. Bei dem die Fliege auf den Kartonboden stürzt, der hat diese Runde verloren. Zum Glück kann man ja immer und immer wieder spielen!

Müfflige Handyhülle

Das brauchst du:

- eine alte Socke
- Filz
- Stopfnadel
- Wolle

- Kugelschreiber
- Schere
- Alleskleber (oder Stoffkleber)

So geht's:

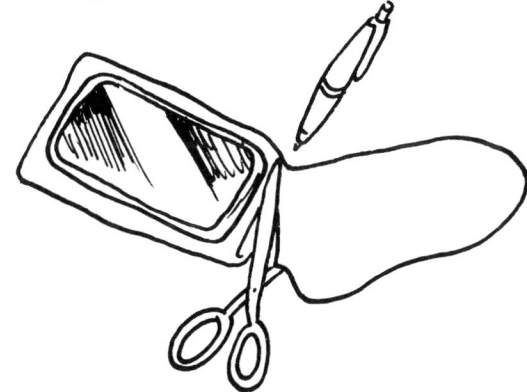

Lege das Handy, das später in die Hülle kommen soll, auf das Beinteil der Socke und zeichne am unteren Handyrand eine Linie, sodass deine Handyhülle die passende Größe bekommt. Plane ein wenig Platz für die Naht ein.

Schneide mit einer scharfen Schere an dieser Linie entlang. Wenn dir das zu schwer ist, kannst du dir von einem Erwachsenen helfen lassen.

Du brauchst nur das Beinteil der Socke, den Rest kannst du wegschmeißen. Drehe das Beinteil auf links.

Fädele einen Wollfaden in die Stopfnadel und mache am anderen Ende einen Knoten. Nähe nun die Öffnung der Socke an der Schnittkante zu. Am einfachsten ist das, wenn du abwechselnd von hinten und vorne durch den Stoff stichst und den Faden dabei immer stramm ziehst.

43

Wenn du auf der anderen Seite angekommen
bist, nähst du genauso zur anderen Seite
zurück. Du stichst in die gleichen Löcher,
aber so, dass deine Naht eine geschlossene
Linie wird. Verknote den Faden am Schluss
mit dem überstehenden Teil des Knotens.

Nun kannst du deine Socke wieder umstül-
pen, sodass du die Naht nicht mehr siehst.
Male ein Olchi-Motiv auf ein Stück Filz.
Das funktioniert am besten, wenn du dir
vorher aus Papier eine Schablone machst.
Schneide das Motiv aus und klebe es auf
deine Handyhülle.
Vorsicht: Damit der Kleber deine Hülle
nicht zuklebt, solltest du beim Kleben
etwas Papier in die Tasche stecken!

Fertig ist deine Handyhülle – ein echter
Hingucker!

Matschknödel-Schleuderspiel

Das brauchst du:

- Pralinenschachtel (z. B. Toffifee)
- Pappe
- Pinsel
- Wasserfarbe oder Acryllack (grün)
- Schere
- Stifte
- Tonkarton / Tonpapier
- Flaschenverschluss
- Deckel von Lippenpflegestift (o. Ä. kleine Rolle)
- Alleskleber
- Nüsse oder Nektarinenkerne
- Schablone

So geht's:

Schneide die Olchi-Hand (siehe Schablone) aus fester Pappe aus und male sie mit Farbe grün an. Lasse die Farbe gut trocknen.

In der Zwischenzeit kannst du das Spielfeld
vorbereiten:

Schneide ein Stück Pappe zurecht, sodass
deine Pralinenschachtel gut darauf passt
und du an beiden Seiten noch etwa 7 cm
Platz hast. Runde die Ecken ein wenig ab.
Klebe die Pralinenschachtel in der Mitte
fest, und zeichne pro Pralinenreihe eine
Linie auf die Pappe rechts und links der
Schachtel.

Male oder klebe nun die Punktewertung
auf die einzelnen Felder. Vorne gibt es die
wenigsten, hinten die meisten Punkte.

Male einen großen Olchikopf auf Tonkarton, schneide ihn aus und befestige ihn am
hinteren Ende deines Spielfeldes.

Ist die Farbe auf deiner Olchi-Hand getrocknet, klebst du den Flaschenverschluss mit
der Öffnung nach oben auf eine der mittleren Fingerspitzen.

Zum Schluss klebst du den Deckel des
Lippenpflegestiftes längs auf der Rückseite
der Hand direkt unter den Fingern fest.

Und schon könnt ihr spielen:

Gespielt wird zu zweit. Stellt die Olchi-Hand mit den Fingerspitzen zu euch etwa 40 cm
vor das Spielfeld. Jeder Spieler bekommt gleich viele Wurfgeschosse (Haselnüsse, Nektarinenkerne o. Ä.). Das sind eure Matschknödel.

Wer an der Reihe ist, legt sein Wurfgeschoss in den Flaschendeckel und drückt dann
blitzschnell mit den Fingerspitzen auf den Olchi-Handballen. Versucht auf diese Weise,
eure „Matschknödel" in das Spielfeld zu schleudern. Bei jedem Treffer zählen die Punkte
auf dem Feld daneben. Wer die meisten Punkte sammelt, gewinnt.

Schleimeschlammige Eierbecher

Das brauchst du:

- Mini-Joghurt- oder Puddingbecher
- Tonpapier

- Schere
- Stifte
- Alleskleber

So geht's:

Male ein paar olchige Motive oder herunterfließenden Schlamm auf Tonpapier und schneide diese aus. Klebe sie mit Alleskleber an deine Plastikbecher.
Und schon bist du fertig! Na, da bekommt man doch direkt Lust zu frühstücken, oder?

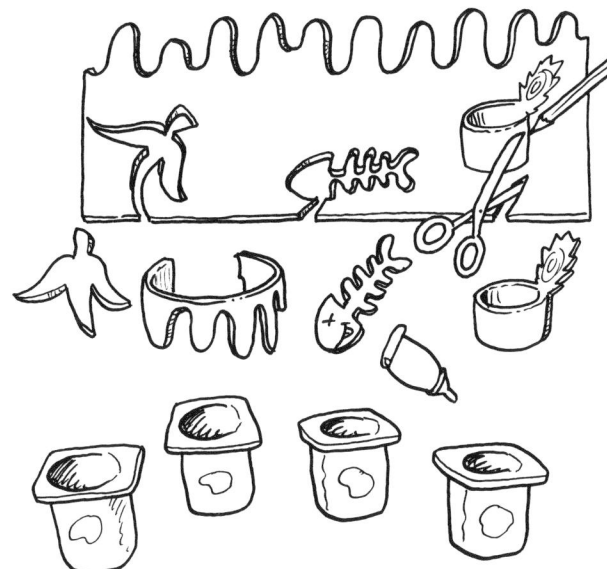

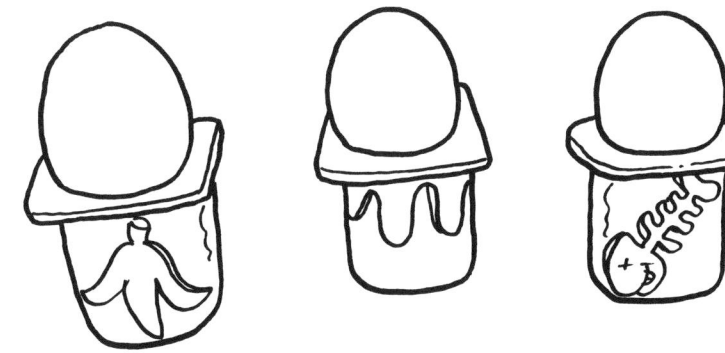

Schleckmüll-Puzzle

So geht's:

Das brauchst du:

- 9 Eisstiele
- Papier
- Stifte
- Klebestift
- Lineal

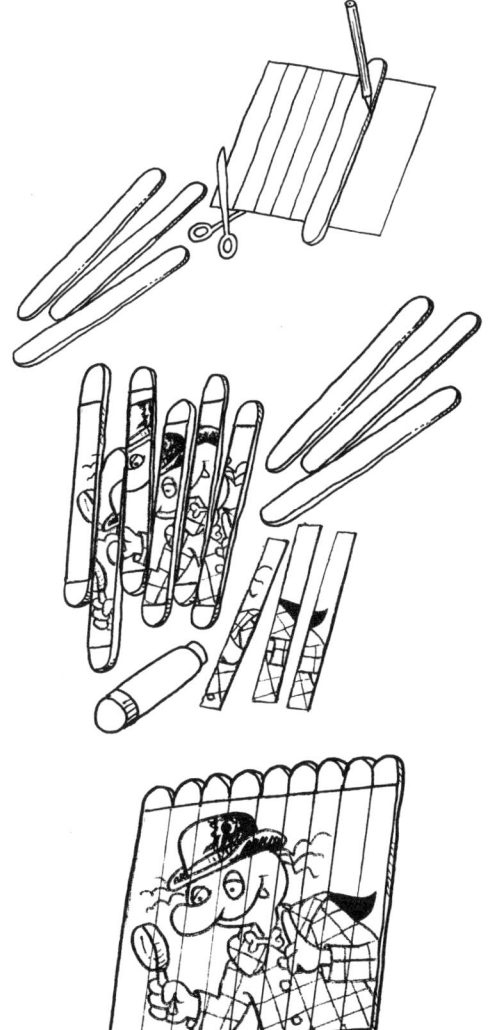

Schneide ein Papier auf die Größe 9 x 9 cm zu. Male ein Olchi-Bild darauf. Dein Bild sollte genau auf die nebeneinandergelegten Eisstiele passen.

Drehe dein Bild um und zeichne auf die Rückseite parallele Linien, die genauso breit wie ein Eisstiel sind. Du kannst die Eisstäbchen als Schablone benutzen.

Schneide das Bild nun entlang der Linien in 9 Streifen und klebe je einen Streifen auf einen Eisstiel.
Fertig ist dein originelles Olchi-Puzzle!

Tipp: Statt eines Olchi-Bildes kannst du natürlich auch ein richtiges Foto zerschneiden.

Wie wäre es z. B., wenn du bei deiner nächsten Geburtstagsfeier für jeden deiner Gäste ein solches Fotopuzzle als lustiges Namensschildchen auf dem Tisch auslegst?

Olchige Bilderrahmen

Das brauchst du:

- 7 Eisstiele
- Pappe
- Alleskleber (oder Holzleim)
- Schere
- Stift
- Olchi-Bild oder ein Foto

So geht's:

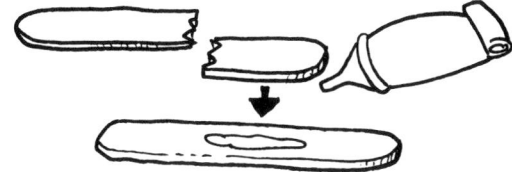

Brich von einem Eisstiel ein Stückchen ab und klebe es in die Mitte eines zweiten Eisstäbchens. Dies ist der Stopper, damit dein Bild nicht aus dem Rahmen rutscht.

Klebe deine Eisstiele nun wie in der Abbildung zu einem Rahmen zusammen. Achte darauf, dass dein Stopper unten klebt. Lasse den Kleber gut trocknen.
Schneide aus Pappe eine passende Rückwand und klebe sie an deinem Rahmen fest. Schneide nun einen 2,5 cm breiten Pappstreifen und knicke ihn an einem Ende etwas ab. Diese abgeknickte Stelle klebst du nun auf die Papprückwand, sodass der Streifen über eine der unteren Ecken hinausragt. Schneide diese überstehende Pappe ab.

Schneide zum Schluss ein Foto oder Olchi-Bild auf die passende Größe und stecke es in deinen Bilderrahmen. Fertig!

Olchi-Pingpong

Das brauchst du:

- Deoroller (aus Plastik)
- Eisensäge
- Pappe (z. B. von einem Schreibblock)
- Stifte
- Lineal
- Schere

So geht's:

Bitte einen Erwachsenen, den leeren Deoroller auseinanderzunehmen. Mit Kraft und evtl. einem Messer zur besseren Hebelwirkung gelingt dies. Nun hast du einen prima Pingpong-Ball.

Dein Helfer sägt dann mit einer Eisensäge zwei etwa 1,5 cm lange Schlitze in den Griff des Deorollers. Diese sollten sich genau gegenüberliegen.

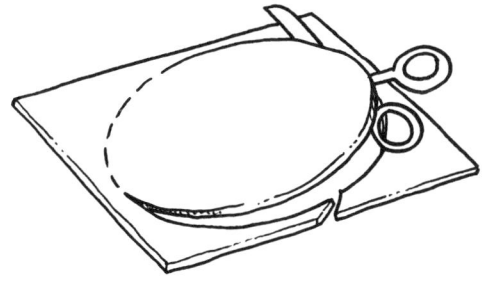

In der Zwischenzeit schneidest du einen etwa CD-großen Kreis aus Pappe aus und bemalst ihn mit einem olchigen Motiv.

Wenn du fertig bist, schiebt ihr den Pappkreis in die beiden Schlitze des Plastikgriffs. Tada – fertig ist dein Olchi-Pingpong.

Tipp: Wenn du nur einen Deoroller aus Glas hast, kannst du auch eine Klopapierrolle als Griff benutzen. Bei ihr musst du den Pappkreis aber mit Klebstoff festkleben.

Rotzfahnenstation

Das brauchst du:

- 2 Duschgel- oder Shampooflaschen
- Plastikeimerchen (z. B. Kartoffelsalat, Rote Grütze, Weingummi ...)
- Kugelschreiber
- Lineal
- Cuttermesser
- Schere
- Alleskleber und Klebestift
- Pappe
- buntes Papier
- Stifte
- Plastikflaschenverschluss
- evtl. Zirkel

So geht's:

Entfernt den Deckel von der Duschgelflasche. Dafür braucht man ganz schön viel Kraft, das schafft meist nur ein Erwachsener.

Lege die Flasche vor dich, und messe vom Flaschenboden aus etwa 8 cm ab. Mit dem Kugelschreiber zeichnest du nun eine Linie ein.

Bitte einen Erwachsenen, die Flasche entlang dieser Linie mit dem Cutter einzuschneiden. Allerdings nicht rundherum, sondern nur die vordere Hälfte der Flasche. Schneidet nun mit der Schere den Flaschenhals weg, und rundet die „Rückwand" etwas ab.

Male ein olchiges Motiv auf, schneide dies aus und klebe es auf den Taschentuchhalter. Von diesen Behältern brauchst du zwei Stück.

Jetzt fehlt noch der Mülleimer für die benutzten Rotzfahnen. Beklebe hierfür den Eimer mit buntem Papier. Mit einem Zirkel kannst du ganz leicht einen passenden Kreis für den Eimerdeckel aufzeichnen. Klebe mit Alleskleber einen Flaschenverschluss als Griff auf deinen Deckel. Lasse den Klebstoff gut trocknen.

Messe aus, wie hoch dein Eimer ist, und schneide einen passenden Papierstreifen zu. Schneide diesen wiederum in schmale Streifen, und klebe diese Stück für Stück am Eimer fest, sodass sie immer etwas überlappen.

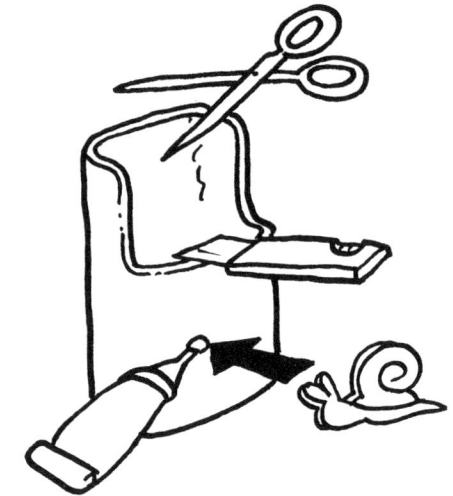

Zum Schluss schneidest du aus stabiler Pappe eine Bodenplatte aus und klebst alle drei Teile darauf fest (Alleskleber oder Heißkleber).

Tipp: Als Mülltüten kannst du die Plastiktüten verwenden, in denen man Obst und Gemüse kauft.

Extra-Tipp von Olchi-Oma:
Die Taschentuchhalter lassen sich auch prima als Brillenetui verwenden.

Rattenkegeln

Das brauchst du:

- 6 Trinkjoghurtfläschchen
- Eierpappe
- 6 Kirschkerne oder Holzperlen
- Stift
- Schere
- Alleskleber
- Permanentmarker
- Gummihandschuhe
- Zeitungspapier
- 3-4 große Luftballons

So geht's:

Lasse dir von einem Erwachsenen die inneren Spitzen der Eierpappe herausschneiden. Dabei brauchst du auch die unteren Abschnitte der Pappe. Runde das Eierpappenteil jetzt unten ab und schneide an der anderen Seite zwei runde Ohren zurecht. Knicke sie senkrecht zur Spitze.

Für die Nase kannst du einen Kirschkern mit dem Permanentmarker schwarz färben (unbedingt Gummihandschuhe tragen!) oder eine Holzperle verwenden. Klebe die Nase an der Eierpappenspitze fest.

Schneide nun aus dem Deckel der Eierpappe einen Kreis aus, der genau auf die Öffnung der Trinkjoghurtflasche passt. Hierfür stellst du das Fläschchen mit der Öffnung nach unten auf die Pappe und fährst mit dem Stift rundherum.

Klebe diesen Kreis an die untere Seite deines Rattenkopfes. Lasse den Klebstoff gut trocknen.

Male zwei Rattenaugen und klebe den Kopf dann auf die Joghurtflasche.

Für ein Kegelspiel brauchst du mindestens sechs Ratten.

Nun fehlt nur noch die Kugel. Zerknülle hierfür etwas Zeitungspapier zu einer festen Kugel. Sie sollte ungefähr so groß wie ein Tennisball sein.

Schneide von den Luftballons die großen Teile ab und stülpe sie über deine Zeitungskugel. Achte darauf, dass zum Schluss die ganze Zeitung bedeckt ist.

Und schon kann gekegelt werden! Schaffst du es, alle sechs mit einem Wurf umzukegeln?

Mülliges Memoboard

So geht's:

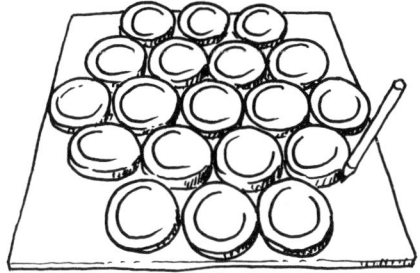

Das brauchst du:

- mehrere Marmeladenglasdeckel
  (oder Konservendeckel oder Böden
  von Stapelchips)
- stabile Pappe
- Alleskleber oder Heißkleber
- Stift
- Schere
- evtl. Pinsel und Acryllack
- evtl. Tonpapier

Entferne die Etiketten von den Deckeln.
Wenn dein Memoboard deine Lieblingsfarbe
bekommen soll, kannst du die Deckel noch
mit Acryllack anmalen.

Lege die Deckel in einer Form, die dir gefällt, auf die Pappe.

Male mit dem Stift vorsichtig an den De-
ckelrändern entlang. Es ist einfacher, wenn
ihr das zu zweit macht, dann kann einer
die Deckel festhalten, während der andere
zeichnet.

Bitte deinen erwachsenen Helfer, die auf-
gemalte Form auszuschneiden. Klebt die
Deckel nun auf die Pappe. Lasst den Kleber
gut trocknen.

Tipp: Natürlich lässt sich auch ein Deckel
als Olchi gestalten. Wie das geht, kannst du
beim Olchi-Reflektor nachlesen.

Jetzt brauchst du nur noch Magneten, mit
denen du deine Notizen an deinem Memoboard befestigen kannst. So vergisst du
garantiert nichts Wichtiges mehr.

Ordnungshalter vom blauen Olchi

Das brauchst du:

- Bügel
- Dosen in verschiedenen Größen
- Faden/Wolle
- Schere
- Alleskleber
- Tonpapier
- Tonkarton (grau)
- Kreppklebeband
- Dosenpikser (oder Hammer und Nagel)

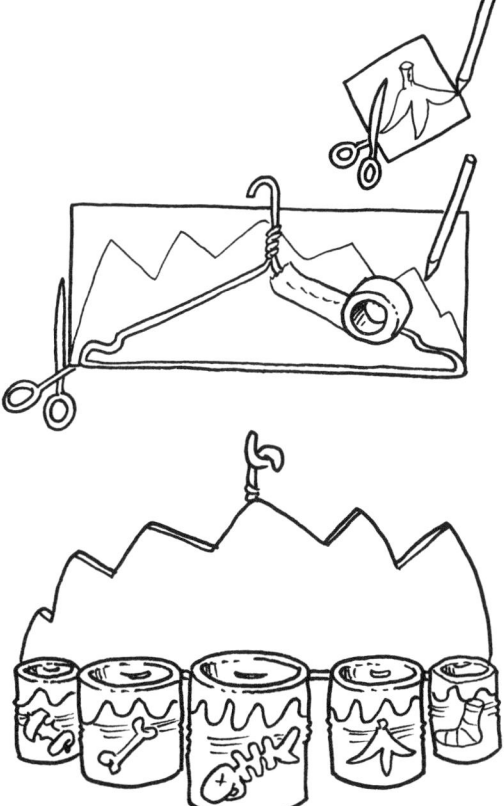

So geht's:

Lasse die scharfen Dosenkanten von einem Erwachsen abfeilen und bitte ihn, mit dem Dosenpikser in jede Dose zwei nebeneinander liegende Löcher zu stechen. Diese sollten sich am oberen Rand der Dosen befinden.
Male auf Tonpapier olchige Motive, schneide sie aus und beklebe deine Dosen damit.

Lege den Bügel auf den grauen Tonkarton und zeichne ein Gebirge auf. Schneide es aus. Knotet die Dosen nun zu zweit am Bügel fest. Fädelt den Faden dabei durch die Löcher. (Am besten geht das mit einer dicken Stopfnadel.) Klebt die Berge von hinten mit Kreppklebeband am Bügel fest.

Und schon kann der Ordnungshalter an die Wand gehängt werden! Krimskrams, mit dem du deinen neuen Ordnungshalter befüllen kannst, findest du in deinem Kinderzimmer ja bestimmt genug.

Tipp: Falls sich der Berg zu sehr von den Dosen wegbiegt, bindet ihr ihn am besten an der mittleren Dose fest.

Dumpys
Vokabelkasten

So geht's:

2x

Das brauchst du:

- 2 Milchkartons (rechteckige Form)
- Pinsel
- Acryllack
- Pappe
- Schere
- Lineal
- Stifte
- Cuttermesser
- Tonpapier
- Heißkleber
- evtl. Gewebeklebeband

Bitte einen Erwachsenen darum, beim ersten Milchkarton eine Vorderseite und die Hälfte der oberen Seite (die mit dem Verschluss) mit dem Cutter herauszuschneiden. Jetzt geht es an den späteren Deckel: Schneide beim zweiten Karton ebenfalls eine Vorderseite und die ganze obere Seite heraus (siehe Abbildung).
Male die Außenkanten der Kartons mit Acryllack an. Damit die Farbe richtig deckt, musst du die Teile mindestens zweimal anmalen. Lasse die Farbe gut trocknen.

In der Zwischenzeit kannst du die olchigen Motive aufmalen und ausschneiden, mit denen du deinen Vokabelkasten verzieren möchtest. Klebe sie nach dem Trocknen auf die Milchkartons.
Für die Fächer schneidest du 4 Pappstücke aus, die genauso groß sind wie der Boden deines Milchkartons. Am besten benutzt du ihn zum Umrisszeichnen.
Zeichne an der langen Seite eine Linie

(etwa 1,5 cm vom Rand) und schneide
das kleinere Stück in der Mitte bis zur
Linie ein. Knicke dieses schmale Stück
zur Hälfte nach hinten und die andere
Hälfte nach vorn. Dies ist deine Klebelasche, mit der du die Trennwand in
deinen Milchkarton klebst.

Am besten funktioniert das mit Heißkleber. Dabei sollte dir dann aber ein
Erwachsener helfen.
Befestige auf diese Art alle vier Trennwände.

Tipp: Falls die Trennwände
nicht stabil genug sind,
kannst du sie mit Gewebe-
klebeband stabilisieren.

Fertig ist dein olchiger
Vokabelkasten! Wetten, dass
Vokabeln lernen damit gleich
doppelt so viel Spaß macht?

Muffelfurzige Stiftebox

So geht's:

Das brauchst du:

- 2 kleine PET-Flaschen (0,5 l)
- Cuttermesser
- Alleskleber
- Reißverschluss (18 cm lang)
- Schere
- Tonpapier
- Stifte
- Frischhaltefolie

Bitte deinen Helfer, bei beiden Flaschen den oberen Teil abzuschneiden. Am besten geht dies, wenn man die Flasche erst mit dem Cutter etwas einritzt und anschließend mit der Schere weiterschneidet. Du brauchst ein langes und ein kurzes Flaschenteil.

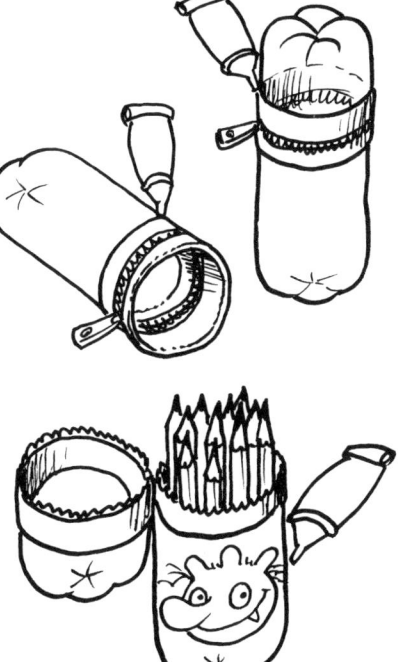

Klebe den Reißverschluss von außen am längeren Flaschenstück fest, und zwar so, dass sich die Öffnungslinie des Reißverschlusses genau oberhalb des Flaschenrandes befindet. Probiere unbedingt aus, ob sich der Reißverschluss noch öffnen und schließen lässt, und lasse den Kleber dann gut trocknen.

Klebt jetzt das zweite Flaschenteil an die obere Hälfte des Reißverschlusses. Dafür bestreicht ihr den Rand der Flasche mit Klebstoff, steckt sie in den Reißverschlusskreis und drückt den Kleber fest.

Während der Klebstoff trocknet, malst du ein Olchi-Motiv auf Tonpapier und schneidest es aus. Klebe es auf die Stiftebox. Bedecke dein Motiv mit einem Streifen Frischhaltefolie, damit es durch den Gebrauch nicht verschmutzt. Fertig ist deine Stiftebox!

Spar-Feuerstuhl

Das brauchst du:

- kleine PET-Flasche mit großer Öffnung (z. B. Fruchtsaft, Eiskaffee …)
- Klopapierrolle
- Cuttermesser
- Schere
- Stifte
- Tonkarton (grün)
- Kreppklebeband
- Alleskleber
- Tapetenkleister
- kleine Schüssel
- Wasser
- Löffel oder Schneebesen
- Transparentpapier (grün)
- Schablone

So geht's:

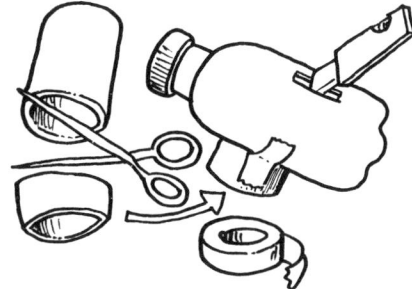

Lasse dir von deinem Helfer mit dem Cutter einen Sparschweinschlitz in die Seite deiner Flasche schneiden.
Schneide ein etwa 3 cm breites Stück von der Klopapierrolle ab, biege dies zu einem Oval und klebt es zu zweit mit Kreppklebeband an der dem Schlitz gegenüberliegenden Seite fest. Achte darauf, dass deine Flasche gut auf diesem Klorollenstück steht.

Gebt nun etwas Wasser in die Schüssel und rührt so lange Tapetenkleisterpulver hinein, bis ein dickflüssiger Brei entsteht. Zerreiße das Transparentpapier in kleine Schnipsel. Bestreiche deine Flasche nun Stück für Stück mit Kleister und drücke die Schnipsel darauf fest. Verschmiere auch Kleister auf der Oberseite der Papierschnipsel, damit diese gut festkleben. Vergiss den Klopapierrollenfuß nicht. Aber achte darauf, dass der Schlitz offen bleibt. Lasse deinen Drachenkörper nun gut trocknen. Du kannst auch mit dem Föhn ein wenig nachhelfen, dann geht es schneller.

In der Zwischenzeit malst du Feuerstuhls Kopf, Schwanz und Flügel auf Tonkarton (siehe Schablonen). Schneide die Teile aus. Klebe den Drachenkopf am Schraubverschluss der Flasche fest. Hierfür schneidest du die Klebelasche in der Mitte ein, knickst eine Hälfte nach vorne und die andere nach hinten und drückst den Klebstoff an den Schraubverschluss. Genauso machst du das beim Drachenschwanz. Nun fehlen noch die Flügel. Befestige sie seitlich an der Flasche. Wenn du magst, kannst du noch 6 Beine ausschneiden und auf den Klopapierrollenständer kleben.

Fertig ist deine ganz individuelle Spardose!

Olchi-Papas Schachtelflitzer

So geht's:

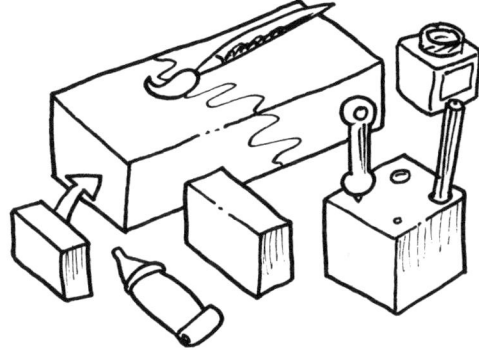

Klebe die Schachteln gut zu, und male sie dann mit Bastellack an. Eventuell musst du sie zweimal anmalen, damit die Farbe richtig deckt. Lasse die Farbe gut trocknen. Steche mit dem Dosenpikser Löcher in die mittelgroße Schachtel, und vergrößere diese nun vorsichtig mit einem Bleistift oder Kugelschreiber, sodass deine Stifte später gut hineingesteckt werden können.

Klebe die beiden kleineren Schachteln wie im Bild auf die große. An die Rückseite deines Autos klebst du die Streichholzschachtel. Das wird dein Kofferraum. Darein kannst du später Büroklammern, Gummibänder o. Ä. füllen. Verziere dein Auto mit olchigen Motiven aus Tonpapier. Auch die beiden Scheinwerfer aus Flaschenverschlüssen kannst du nun festkleben.

Das brauchst du:

- 3 unterschiedlich große Schachteln (z. B. Kekse, Tee, Nudeln ...)
- Streichholzschachtel
- Alleskleber / Klebestift
- Bastellack
- Pinsel
- Schere
- Stifte
- Tonpapier
- 4 große Flaschenverschlüsse (z. B. Trinkjoghurt, Fruchtsaft, Eiskaffee ...)
- 2 normale Flaschenverschlüsse
- 2 Schaschlikspieße
- 2 Korken
- scharfes Messer
- Dosenpikser

Für die Räder brauchst du die Hilfe eines Erwachsenen. Dieser schneidet mit einem scharfen Messer 4 etwa 1 cm breite Korkscheiben. Steckt 2 dieser Korkscheiben auf einen Schaschlikspieß. Nun stecht ihr für die Radachse mit dem Dosenpikser vier Löcher in die große Schachtel (Achtung: Der Schaschlikstab muss sich gut darin drehen können) und durchbohrt die großen Flaschenverschlüsse in der Mitte. Steckt je einen Flaschenverschluss auf den Schaschlikspieß und klebt ihn am Korken fest. Steckt diese Spieße nun durch das Auto. Kürzt dann die Schaschlikspieße und klebt die Korkscheiben und Flaschenverschlüsse wie auf der anderen Seite an.

Tipp: Ist kein Erwachsener in der Nähe, kannst du die Räder auch einfach ankleben. Dein Auto kann dann aber nicht rollen. Das Auto ist jetzt fertig. Du kannst deinen Schachtelflitzer mit Stiften und Notizzetteln befüllen.

Besonders schön wird dein Auto, wenn es auch noch einen Fahrer bekommt. Dafür kannst du einen Olchi-Stift basteln (siehe Abbildung):
Male auf Tonkarton einen Olchi, und schneide diesen aus. Klebe ihn an der Rückseite mit Klebefilm oder Kreppklebeband an einem Stift fest.

Schmuddelfinger Tragetasche

Das brauchst du:

- altes Unterhemd
- Nadel
- Nähgarn
- Schere
- Stoffmalstifte / Stoffmalfarbe
- Bleistift oder Kugelschreiber
- Pappe

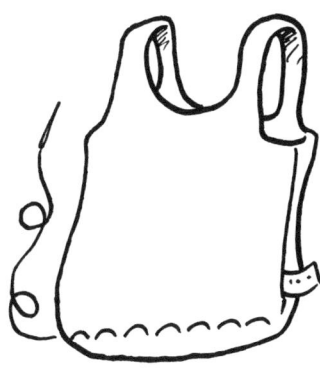

So geht's:

Lege das Unterhemd glatt vor dich. Schneide den Rückenausschnitt genauso groß wie den vorderen Ausschnitt. Am besten malst du dir die Linie, an der du entlangschneiden willst, vorher auf. Wenn dir das Schneiden des Stoffes zu schwierig ist, hol dir Hilfe von einem Erwachsenen.

Entscheide nun, wie lang deine Tasche werden soll, und schneide dementsprechend etwas von der unteren Seite des Hemdes ab. Runde die Ecken ab.

Nun wird die untere Öffnung des Hemdes zugenäht. Wende das Hemd hierfür auf links, damit die Naht später innen liegt. Am schnellsten geht das Nähen mit der Nähmaschine, aber du kannst auch mit der Hand nähen. Wie das geht, kennst du schon, wenn du die Handyhülle bereits gebastelt hast: Fädele einen Wollfaden in die Stopfnadel und mache am anderen Ende einen Knoten. Nähe nun die Öffnung des Hemdes an der Schnittkante zu. Am einfachsten ist das, wenn du abwechselnd von hinten und vorne durch den Stoff stichst und den Faden dabei immer stramm ziehst. Wenn du auf der anderen Seite angekommen bist, nähst du genauso zur anderen Seite zurück. Du stichst in die gleichen Löcher, aber so, dass deine Naht eine geschlossene Linie wird. Verknote den Faden am Schluss mit dem überstehenden Teil des Knotens.

Drehe das Hemd wieder auf rechts und
stecke eine Pappe hinein, damit die Farbe
nicht durchdrücken kann.
Male nun mit Bleistift oder Kugelschreiber dein Olchi-Bild auf das Hemd. Dann
kannst du mit Stoffmalstiften und Stofffarbe loslegen und deine Tasche richtig bunt
werden lassen. Das Malen wird einfacher,
wenn dein Helfer den Stoff immer ein wenig
stramm zieht. Wenn dein Bild fertig ist,
lasse die Farbe gut trocknen.

Damit sich die Farbe später nicht heraus-
wäscht, musst du deine Tasche von der
linken Seite noch etwa 5 Minuten auf der
höchsten Stufe bügeln.

Danach steht einer Shopping-Tour mit deiner neuen Tragetasche nichts im Wege.

Aufbewahrungsbeutel
(für die Tragetasche)

Das brauchst du:

- den Rest vom Unterhemd
- Alleskleber
- Schere
- Stofffarbe
- Stoffmalstift (oder Permanentmarker)
- Kartoffel
- Pinsel
- evtl. Klettklebeband

Aber das ist längst nicht alles! Willst du deine Tasche nach dem Gebrauch gut verstauen, kannst du dir noch schnell einen Aufbewahrungsbeutel machen. So bist du bestens ausgestattet!

So geht's:

Schneide dir aus dem Stoffrest ein rechteckiges Stück und falte dies in der Mitte. Klebe es an der unteren und an der Seitenkante zusammen (wie einen Waschlappen). Lasse den Kleber gut trocknen, und stülpe den Stoff so um, dass die Klebekanten nun innen liegen.

Stecke ein Stück Pappe in den Beutel, damit die Farbe nicht durchdrückt. Halbiere die Kartoffel, bestreiche sie mit Farbe und stemple mit ihr einen Olchi-Kopf auf den Beutel. Die Hörhörner kannst du mit deinen Fingern stempeln.

Lasse die Farbe gut trocknen und male Augen, Knubbelnase und Mund auf.
Falls du etwas Klettklebeband hast, kannst du dies noch an die Innenseiten der Öffnung kleben.

Fertig ist der Aufbewahrungsbeutel für deine Schmuddelfinger Tragetasche!

Schrubbergarage

So geht's:

Schneide den oberen Teil der Zahnpasta-tuben ab, und wasche sie gründlich aus.

Das brauchst du:

- 2 Zahnpastatuben
- große Tube (z. B. Haarpflege, Bodylotion o. Ä.)
- Schere
- Stifte
- Tonpapier
- Laminierfolie und Laminiergerät
- Dosenpikser
- 3 Musterklammern
- Acryllack
- Pinsel

Tipp: Mit einem Pinsel kommst du auch gut in die unteren Ecken.

Male die Tuben mit Acryllack an. Damit die Farbe gut deckt, musst du sie 2 x einfärben. Du kannst die Tuben aber natürlich auch unbemalt lassen.

Schneide aus Tonpapier ein etwa DIN-A4-großes Stück aus und runde die Ecken ab. Nun kannst du das Blatt Tonpapier olchig bemalen oder mit ausgeschnittenen Motiven bekleben.

Damit deine Schrubbergarage später auch lange hält, solltest du das Blatt laminieren. So ist es vor Wasserspritzern geschützt.

Tipp: Hast du kein Laminiergerät, kannst du auch Klebefolie benutzen. Dann musst du das Blatt aber mit Pappe verstärken.

Steche mit dem Dosenpikser an der oberen Kante zwei Löcher hinein, an denen du deine Schrubbergarage später aufhängen kannst. Steche dann an der unteren Kante für jede Tube ein Loch hinein. Auch in den oberen Rand der Tuben stichst du je ein Loch. Stecke die Musterklammern durch diese Löcher und schiebe sie anschließend durch dein Bild. Die Musterklammern halten die Tuben, wenn du sie auf der Rückseite des Bildes auseinanderbiegst.

Fertig ist deine Schrubbergarage! Wenn die Olchi-Kinder so was hätten, würden sie vielleicht auch ab und zu die Zähne putzen.

Olchi-Mamas Schmökerständer

Das brauchst du:

- Waschmittelflasche
- Schere
- Cuttermesser
- Stifte
- Alleskleber
- buntes Tonpapier

So geht's:

Bitte einen Erwachsenen, die Flasche wie in der Abbildung eingezeichnet zurechtzuschneiden. Zeichnet die Form dafür zuerst mit einem Permanentmarker auf die Flasche. Dabei solltet ihr euch ein wenig nach der Flaschenform richten. Ritzt dann mit dem Cutter einen Schlitz in das Plastik und schneidet den Umriss grob aus.

Schließlich schneidet ihr mit der Schere Stück für Stück an der eingezeichneten Linie entlang.

Male olchige Motive auf Tonpapier, schneide diese aus und klebe sie auf deinen Schmökerständer.
Ist alles gut getrocknet, kannst du deine Bücher einsortieren und hast ein richtiges Highlight in deinem Bücherregal!

95

Tümpelkescher

So geht's:

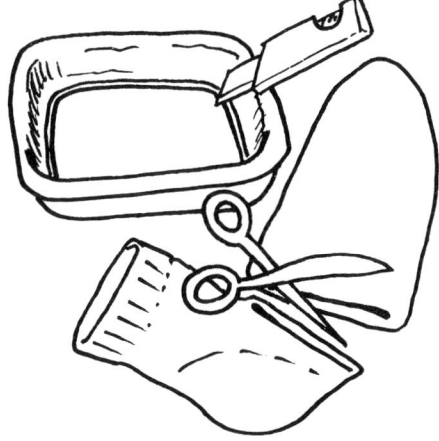

Das brauchst du:

- alte Nylonsocke oder Strumpfhose
- dicker Strohhalm (z. B. von Eiskaffee, Milchshake …)
- Papier
- Salatschälchen (oder Coffee-to-go-Deckel)
- Schere
- Cuttermesser
- Gewebeklebeband
- evtl. Permanentmarker

Bitte einen Erwachsenen, von dem Salatschälchen einen etwa 2 cm breiten Rand abzuschneiden (mit dem Cuttermesser oder einer Schere).
Schneide von der Socke das Fußteil ab. Du kannst selbst entscheiden, wie lang dein Kescher werden soll. Den Rest der Socke brauchst du nicht.

Wenn du magst, kannst du das Fußteil mit einem Permanentmarker bemalen. Stecke dabei aber ein Stück Pappe in die Socke, damit die Farbe nicht durchdrückt.

Stülpe deine Socke nun auf den Plastikrand und klebe sie mit Gewebeklebeband daran fest. Das geht am besten zu zweit.
Schneide den Strohhalm an einer Seite zweimal etwa 2 cm ein.

Stecke ihn dann von oben auf den Plastikrand deines Keschers und klebe ihn mit
zwei Stücken Gewebeklebeband fest.
Knicke den Strohhalm zur Seite.
Nun musst du diesen Stiel nur noch etwas
stabilisieren. Rolle hierfür etwas Papier
fest auf und stecke es in den Strohhalm.

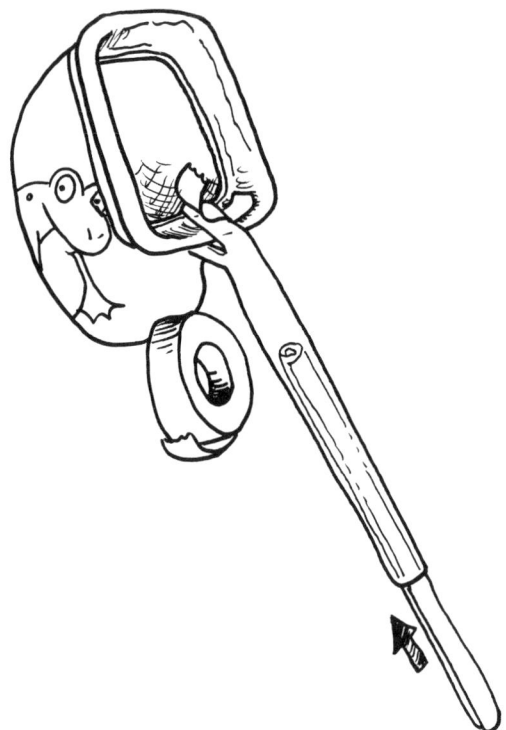

Fertig ist dein Tümpelkescher! Was du damit wohl alles fischen wirst?

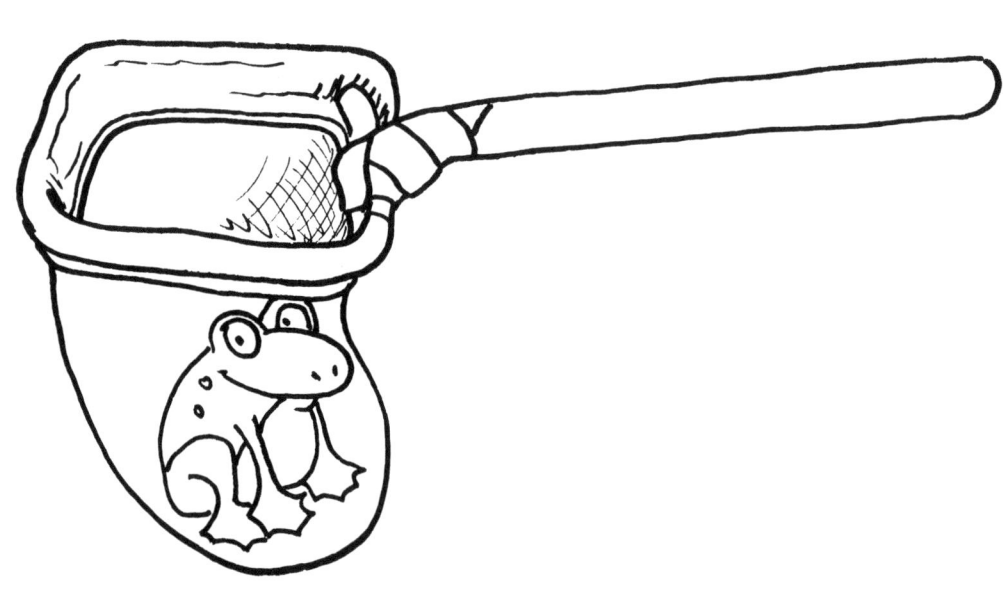

Othellos cooler Basketballkorb

Das brauchst du:

- Obstnetz
- Schuhkartondeckel
- runder Plastikbecher (z. B. Quark, Pudding …)
- Cuttermesser
- Schere
- Tonpapier
- Stifte
- Klebestift
- Gewebeklebeband
- Faden (Wolle, Geschenkband o. Ä.)

So geht's:

Lasse dir von deinem Helfer den oberen Rand des Plastikbechers abschneiden (etwa 2 cm breit). Am besten geht das, wenn ihr den Becher erst mit dem Cutter einritzt und dann mit der Schere weiterschneidet.

Stülpe das Obstnetz über den Plastikrand und klebe es von innen mit Gewebeklebeband fest.
Nimm immer nur kleine Stücke vom Gewebeklebeband und arbeite dich so langsam rundherum.
Schneide das Netz unten auf.

Tipp: Beim Kleben ist es hilfreich, wenn du das Netz mit Wäscheklammern fixierst.

Lege den Schuhkartondeckel mit der Längsseite vor dich und schneide den unteren Rand ab.

Schneide aus Tonpapier schwarze Streifen aus und klebe sie im Rechteck auf die Innenseite des Deckels. Das Rechteck sollte ungefähr so breit wie dein Basketballkorb sein.

Willst du noch ein olchiges Motiv aufkleben? Da sind deiner Fantasie keine Grenzen gesetzt.

Nun müsst ihr den Korb am Schuhkartondeckel befestigen. Ritzt hierfür oberhalb des unteren schwarzen Streifens einen schmalen Schlitz in den Karton, schiebt einen Faden hindurch und knotet ihn am Basketballkorb fest.

Fertig! Spielen solltest du am besten mit einem Softball.

Brauseweins
Geldbörsen

rofessor Brausewein ist ein ganz schön helles Köpfchen und hat gleich mehrere Geldbörsen erfunden. Willst du dir eine basteln? Such dir einfach die aus, die dir am besten gefällt. Natürlich kannst du auch gleich alle 3 basteln, dann hast du noch welche zur Reserve oder zum Verschenken.

Das brauchst du:

- große Tube (z. B. Haarkur, Bodylotion, Duschgel …)
- Schere
- Klettklebeband
- evtl. Acryllack und Pinsel

So geht's:

Drücke die Tube zusammen und schneide das obere Teil mit der Schere ab. Wasche die Tube gründlich aus.
Schneide die vordere Tubenhälfte täschchengroß zurecht. Kürze dann die hintere Hälfte der Tube, sodass du sie wie bei einer Geldbörse nach vorne klappen kannst. Runde die Ecken ab.

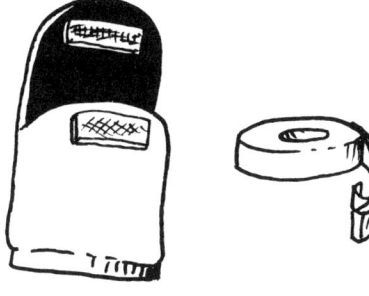

Klebe ein Stück Klettklebeband auf die Innenseite der Lasche und die vordere Seite deiner Geldbörse, damit du sie öffnen und schließen kannst.

Wenn du magst, kannst du die Tube mit Acryllack anmalen oder mit einem olchigen Motiv bekleben. Das macht sie noch schicker.
Und schon bist du fertig! Praktisch so eine kleine Geldbörse, oder?

So geht's:

Das braucht ihr:

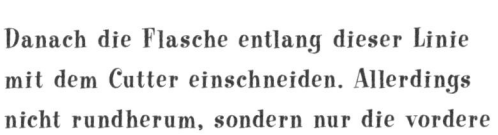

- Duschgelflasche
- Cuttermesser
- Kugelschreiber
- Schere
- Lochzange
- Druckknopfzange
- Druckknopf (4 Teile)

Zuerst muss der Deckel von der Duschgel-flasche entfernt werden. Legt die Flasche vor euch und messt vom Flaschenboden aus etwa 8 cm ab. Mit dem Kugelschreiber zeichnet ihr nun eine Linie ein.

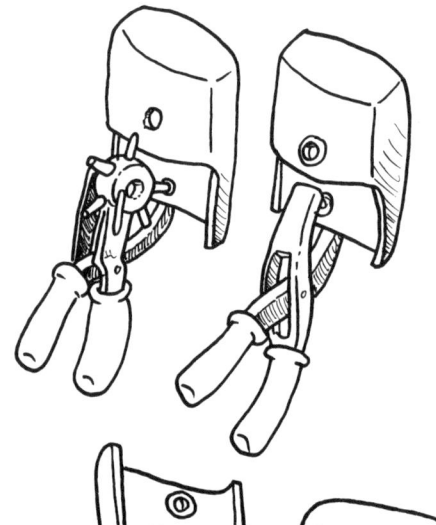

Danach die Flasche entlang dieser Linie mit dem Cutter einschneiden. Allerdings nicht rundherum, sondern nur die vordere Hälfte der Flasche. Schneidet nun mit der Schere den Flaschenhals weg, und rundet die „Rückwand" etwas ab.
Für die Befestigung des Druckknopfs sollten zunächst mit der Lochzange zwei Löcher in die Plastikflasche gestanzt werden. Dann wird der Druckknopf mit der entsprechenden Zange befestigt (siehe Zangenanleitung).

Zum Schluss wird das Täschchen mit olchigen Motiven verziert. Fertig!

So geht's:

Das braucht ihr:

- Milchtüte (quadratische Form)
- Lineal
- Kugelschreiber
- Schere
- Cuttermesser
- Klettklebeband oder Druckknopf mit Zange

Lege die Milchtüte auf die Seite und miss von unten 7 cm ab. Nun ziehst du mit dem Lineal eine Linie wie in der Abbildung. Bitte einen Erwachsenen, mit dem Cutter an dieser Linie entlangzuschneiden. Dann soll er bitte weiter von oben bis zur oberen Dreieckspitze schneiden. Das Oberteil der Milchtüte kann mit der Schere abgeschnitten werden.

Wiederholt die bisherigen Schritte auf der gegenüberliegenden Seite.

Zum Schluss wird an der Bodenkante entlang geschnitten (siehe Abbildung).

Zeichne nun mit einem Kuli eine senkrechte Linie von der Ecke des Kartons zur gegenüberliegenden Kante und knicke das Dreieck nach innen. Wiederhole diese Schritte auf der gegenüberliegenden Seite.

Kürze die Lasche deiner Geldbörse und runde die Ecken ab.

Nun fehlt nur noch der Verschluss! Du kannst ein Klettklebeband wie in Variante 1 oder einen Druckknopf wie in Variante 2 verwenden. Fertig ist Geldbörsenvariante 3!

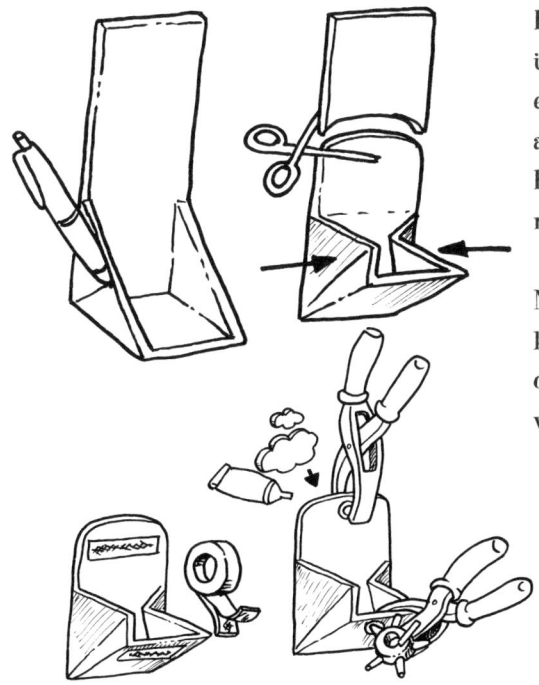

OLCHIGER SPASS IN
SCHMUDDELFING

Erhard Dietl

**Die Olchis.
Allerhand und mehr**

160 Seiten I ab 4 Jahren

ISBN 978-3-8415-0291-9

Olchis stinken fein faulig, und ihr Mundgeruch lässt Fliegen abstürzen. Und Ordnung ist für die Olchis das Allerschrecklichste! Deshalb müssen sie auch schnell ihren neuen Nachbarn loswerden, der den ganzen Tag aufräumt. Wie furchtbar! Zur Erholung unternehmen sie mit Olchi-Opa eine echt aufregende Geburtstagsreise. Der Sammelband enthält insgesamt vier Olchi-Geschichten.

www.oetinger-taschenbuch.de

OLCHIG GRÄTIGER
RÄTSELSPASS

Erhard Dietl
Mein müffelndes Rätselbuch
64 Seiten I ab 8 Jahren
ISBN 978-3-8415-0345-9

Auf die krötigen Rätsel, fertig, los! Eine kunterbunte Mischung aus lustigen, spannenden und kniffligen Rätseln lässt das Herz eines jeden Olchi- und Knobelfans höherschlagen. Mit dabei sind olchige Wörtergitter, verzwickte Irrgärten, Finde-den-Fehler- und Punkt-zu-Punkt-Bilder, Sudokus, Kreuzworträtsel und vieles mehr. Die müffeligen Rätsel vertreiben Langeweile im Nullkommanichts.

www.oetinger-taschenbuch.de